2 février 1889

Vente du VENDREDI 22 FÉVRIER 1889

HOTEL DROUOT, SALLE N° 4

ESTAMPES

DE L'ÉCOLE FRANÇAISE

DU XVIIIe SIÈCLE

PIÈCES IMPRIMÉES EN NOIR & EN COULEUR

1889

Me Maurice DELESTRE
COMMISSAIRE-PRISEUR
rue Drouot, n° 27

M. P. ROBLIN
MARCHAND D'ESTAMPES
rue Saint-Lazare n° 65

Imp. PAIRAULT et Cie, 3, Passage Nollet, Paris.

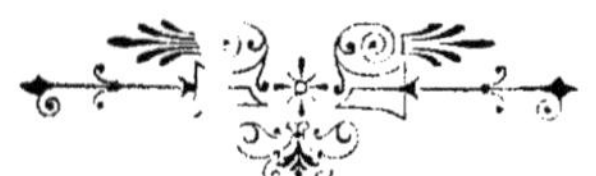

CATALOGUE
D'ESTAMPES

DE

L'ÉCOLE FRANÇAISE DU XVIIIe SIÈCLE

PIÈCES IMPRIMÉES EN NOIR ET EN COULEURS

par ou d'après

BARTOLOZZI — BAUDOUIN — BONNET — BOUCHER — CHARDIN
DEBUCOURT — DEMARTEAU
FRAGONARD — FREUDENBERG — GREUZE — HUET — JANINET
JEAURAT — MOREAU le JEUNE — MALLET etc., etc.

PORTRAITS. — GRAVURES EN LOTS

dont la vente aux enchères publiques aura lieu

HOTEL DROUOT, Salle N° 4

Le VENDREDI 22 FÉVRIER 1889

à 1 heure et demie

Par le ministère de **Me Maurice DELESTRE,** Commissaire-Priseur
27, rue Drouot.
Assisté de **M. P. ROBLIN,** marchand d'Estampes
Successeur de E. JACQUINOT, Peintre - Expert
65, rue Saint-Lazare.

PARIS — 1889

CONDITIONS DE LA VENTE

La vente se fera au comptant

Les acquéreurs payeront cinq pour cent en sus des enchères applicables aux frais.

M. P. ROBLIN se réserve la faculté de réunir ou de diviser les lots, et remplira en outre les commissions de MM. les amateurs qui ne pourraient assister à la vente.

ESTAMPES

ALIX

1 — *Fénelon*, ovale in-4, gr. en couleur, d'après Vivien.
Superbe épreuve avant toute lettre, en feuille.

ANONYME

2 — *Le Général Charette*, ovale, avec une charette au bas.
Très belle épreuve, avant la lettre, en feuille.

3 — *Marie-Antoinette*, médaillon avec cartouche orné de roses.
Belle épreuve, toute marge.

4 — *L'Abbé Sicard*, ovale in-4, au pointillé.
Très belle épreuve avant toute lettre, marges.

AUBRY (d'après)

5 — La Reconnaissance de Fonrose, gr. par R. de Launay.
Belle épreuve, avec marges.

BALLONS (Pièces sur les)

6 — La Quatorzième expérience aérostatique de M. Blanchard, faite à Lille, le 26 août 1875. — Entrée de M. Blanchard et du chevalier de Lépinard à Lille, cinq jours après leur ascension aérostatique, par Helman, d'après L. Watteau, 2 p.
Très belles épreuves à toute marge,

7 — La Quatorzième expérience aérostatique de M. Blanchard, accompagné du chevalier de Lépinard, faite à Lille en Flandre, le 26 août 1785, par Helman, d'après L. Watteau, in-fol.
Très belle épreuve à l'eau forte pure, marges.

8 — Blanchard's, 28 th. Farth zu Nürnberg den 12 ten november anno 1787, dessiné et gravé par A. W. Kutsner, 1788.
Très belle épr .ve, encadrée.

9 — Bataille de Fleurus gagnée par l'armée française, le 8 messidor de l'an 2, gravé par Le Beau, d'après Naudet.

Belle épreuve, marges.

10 — Fête du sacre et couronnement de leurs Majestés impériales, le 12 frimaire an XIII (3 décembre 1804), à l'aquateinte par Marchand, d'après Le Cœur.

Très belle épreuve, marges.

11 — Entrée dans la ville de Paris de Sa Majesté Louis XVIII, le 4 mai 1814, *à Paris chez Jean.*

Très belle épreuve coloriée, en feuille.

12 — Descente de M. Blanchard dans la prairie de Billancourt. — Machine aérostatique de M. Montgolfier. — Gonflement d'un ballon. — Troisième voyage aérien de M. Montgolfier, quatre pièces in-8.

Très belles épreuves, grandes marges.

13 — Descente de la machine aérostatique des sieurs Charles et Robert. — Expérience du globe aérostatique de MM. Charles et Robert. — Expérience du vaisseau-volant de M. Blanchard. — Départ de MM. Charles et Robert, le 1er décembre 1783 aux Tuileries. — Nouvelle forme du globe aérostatique, dessiné par le sieur Mathieu, etc., 10 p. noires et coloriées.

Belles épreuves.

14 — Estampes relatives à l'aérostation, 15 p. noires et coloriées.

15 — *Charles* aux Tuileries, 2 p. in-8 et in-4, par Miger et Tavenard.

Belles épreuves, marges.

16 — *M. Garnerin*, in-8, par Edward Hawoke Locker.

Belle épreuve.

17 — *Etienne Montgolfier.* — *Joseph Montgolfier*, in-8 et in-4, 3 p. par Le Beau et autres.

Belles épreuves à toutes marges.

18 — Aéronautes, 29 portraits français et anglais.

Belles épreuves.

BALZER (Jean)

19 — Ninet à la Cour. — Le Roi et le Fermier, deux pièces gravées au bistre, relatives au théâtre.
Belles épreuves avec marges.

BARTOLOZZI

20 — *Ophelia*, d'après James Nixon.
Très belle épreuve en bistre, toute marge.

21 — Tragedy. — Comedy, deux pièces, d'après Cipriani.
Très belles épreuves imprimées en bistre, grandes marges.

22 — Groupe de trois amours, gr. à la sanguine, d'après Cipriani.
Belle épreuve avant la lettre, grandes marges.

BAUDOUIN (d'après)

23 L'amour frivole, gr. par Beauvarlet.
Très belle et première épreuve, avec le titre, sans aucune autre lettre, grandes marges, rare.

24 — Le Désir amoureux, gr. par Mixelle.
Superbe épreuve en couleur, toute marge, rare.

25 — La jeune flore, ovale in-8.
Très belle épreuve, grandes marges.

26 — *Jusque dans la moindre chose*, gr. par L. J. Masquelier
Très belle épreuve avec marges.

27 — Marton, gr. par Ponce.
Très belle épreuve, marges.

28 — La Nuit, gr. par E. de Ghendt.
Très belle épreuve, petites marges.

29 — La Soirée des Tuileries, gr. par Simonet.
Très belle épreuve avec marges.

BEAUVARLET

30 — Le Comte d'Artois enfant, et Mademoiselle Clotilde assise sur une chèvre, d'après Drouais,
Très belle épreuve avec marge.

31 — Les enfants du Duc de Béthune, jouant avec un carlin, d'après Drouais.

Très belle épreuve avec marges.

BERTEAUX

32 — La Marchande d'œufs, par Jeanne Mansard.

Très belle épreuve à toute marges.

BERTHIER (d'après)

33 — Le Triomphe de Bacchus. — Offrande à Priape, 2 pièces gr. par Chaponier.

Très belles épreuves en couleur, grandes marges.

BIGG (d'après W. R.)

34 — Un jeune matelot racontant son naufrage à la porte d'une chaumière. — Le retour du jeune matelot après un heureux voyage, 2 pièces gravées en couleur par Schwitz.

Belles épreuves, grande marge.

BOILLY (d'après)

35 — La leçon d'union conjugale. — Poussez ferme, 2 pièces gravées par Petit.

Épreuves avec marge.

BONNET

36 — La danse, in-8 en couleur.

Superbe épreuve à toute marge.

37 — Bazile et Laurette. — Bazile et Luzy, 2 pièces en couleur d'après Aubris.

Belles épreuves, petites marges.

38 — Etude de têtes, d'après Lagrenée.

Superbe épreuve aux trois crayons, grandes marges.

39 — Tête dessinée par J. B. Huet, peintre du Roy.

Très belle épreuve, en couleur, marges.

40 — L'Amour prie Vénus de lui rendre ses armes, d'après Boucher.

Superbe épreuve aux trois crayons.

41 — Etudes de têtes, 4 pièces à la sanguine.
Belles épreuves en feuilles.

BONVALLET (chez)

42 — L'arrivée de la petite Javotte à Paris, qui vend sa marmotte en vie.
Belle épreuve, marges.

BOREL (père)

43 — Le braconnier surpris. — Le fraudeur arrêté, 2 pièces.
Belles épreuves.

BOREL (d'après)

44 — L'innocence en danger, gr. par F. Huet.
Très belle épreuve à toute marge.

BOREL et AUBRY (d'après)

45 — Le mariage conclu. — Le mariage rompu, 2 pièces gr. par R. de Launay.
Belles épreuves, avec marges.

BOUCHER (d'après)

46 — Chasse au tigre, gr. par J. J. Flipart.
Belle épreuve, grandes marges.

47 — Le départ du courrier. — L'arrivée du courrier, gr. par Beauvarlet, 2 pièces.
Très belles épreuves, grandes marges.

48 — Le dessin, à la sanguine, par Demarteau.
Superbe épreuve, sans marges.

49 — Les douceurs de l'Été, par Moitte.
Très belle épreuve, en feuille.

50 — L'enlèvement d'Europe, par Ch. Duflos.
Très belle épreuve, marges.

51 — Vénus et les Amours, par R. Gaillard.
Très belle épreuve, grandes marges.

52 — Le Sommeil interrompu, gr. par Beauvais.
Belle épreuve, grandes marges.

53 — Les Villageois. — La Pêche. — L'agréable leçon. 3 pièces gr. par R. Gaillard.
Belles épreuves.

54 — Frontispice du tome II du Théâtre de Favart. — Aventures de Télémaque. 4 pièces en noir.
Belles épreuves.

55 — Chinoiseries. — Le Printemps. — L'Hiver. — La Marchande de modes. — Le petit Ménage. — De trois choses en ferez-vous une ? — Le Repos champêtre. — Le Poëte, etc. 16 pièces en noir.
Belles épreuves, plusieurs avant la lettre.

56 — La Bergère endormie. — La Naissance de Vénus. — Vues de Charenton, etc. 17 pièces en noir.
Belles épreuves, plusieurs avant la lettre.

57 — Tête d'expression, pastorales, frontispices, etc. 16 pièces gravées à la sanguine, par Demarteau.
Très belles épreuves en feuilles.

58 — Premier âge de l'Amour. — Education de l'Amour. — 3 pièces d'après Lagrenée.
Epreuves avec marges.

BOUNIEU

59 — Portrait d'une jeune Fille, gravé à la manière noire.
Belle épreuve avant les noms d'artistes.

CARDON

60 — Cupid unveiling Vénus, gr. en couleur, d'après Cosway.
Superbe épreuve, toute marge.

CARESME (d'après)

61 — Le Satyre impatient, gr. par Anselin.
Très belle épreuve en feuille.

62 — La Bravoure récompensée, épisode de la vie du comte d'Estaing.
Belle épreuve, marges.

CARMONTELLE

63 — *Madame L *** et sa Fille.* — Silhouette.
Belle épreuve, marge.

CARRÉE

64 — Le Reveil du Carlin, d'après Carême.
Belle épreuve en couleur, grandes marges.

CATHELIN

65 — La Nouvelle affligeante, d'après Wille fils.
Très belle épreuve avec marges.

CHAPONNIER

66 — La Promenade du matin, d'après Dupuis.
Belle épreuve en couleur, marges.

CHARDIN (d'après)

67 — La Gouvernante, gr. par Lépicié.
Très belle épreuve, petites marges.

68 — La Mère laborieuse, gr. par Lépicié.
Très belle épreuve, petites marges.

69 — Le Négligé ou toilette du matin.
Très belle épreuve, toute marge.

70 — La Pourvoïeuse, gr. par Lépicié.
Très belle épreuve avec marges,

71 — La Serinette, gr. par L. Cars.
Belle épreuve, sans marges sur les côtés.

72 — La bonne Mère, gr. par I. Mart. Weiss.
Très belle épreuve à toute marge.

CHEREAU (R.)

73 — L'Armateur.
Belle épreuve avec marges.

CHOFFARD (P.P.)

74 — Pièce commémorative d'un mariage. In-8.
Superbe épreuve du 1er état, avant les changements sur l'écusson, marges, rare,

CIPRIANI (d'après)

75 — Arianna. gr. par L. Bucelli.
Très belle épreuve, grandes marges.

COCHIN (d'après C. N.)

76 — Frontispice pour J.-J. Rousseau, eau-forte pure, par Duclos.
Très belle épreuve, grandes marges.

COQUERET

77 — Le pansage, d'après Carle Vernet.
Superbe épreuve avant la lettre, les noms des artistes à la pointe, grandes marges.

78 — *J. de Lafontaine*, buste fort comme nature, gr. en couleur, d'ap. Pointeau.
Très belle épreuve, grandes marges.

79 — Portait d'homme vu de face, d'après Le Moine, 1810.
Superbe épreuve avant la lettre, grandes marges.

COSTUMES

80 — Coiffures tirées du Recueil général de coiffures de différents goûts, de 1589 à 1778. 11 pièces avec encadrement en regard.
Belles épreuves avant la lettre.

COUTELLIER (d'après)

81 — La Curiosité satisfaite. — Le Secret Entretien, 2 pièces gr. en couleur par Pitou.
Belles épreuves, grandes marges.

COYPEL (d'après)

82 — Les aventures de Don Quichotte. 5 pièces.
Très belles épreuves avant la lettre, marges.

83 — Les aventures de Don Quichotte. 22 pièces.
Belles épreuves.

DANZEL

84 — La Reconnaissance du Berger, gr. en couleur d'ap. Bénard.
Très belle épreuve à toute marge.

DAUMIER (H.)

85 — Grande chaumière 1841, lithographie.
Très belle épreuve à toute marge.

DAVESNE (d'après)

86 — La coquette Sophie gr. par Voyez le Jeune
Belle épreuve, grandes marges.

DAVID (A. F.)

87 — Le Marchand d'orviétan, d'après C. Dujardin.
Très belle épreuve avant la dédicace, marges.

DEBUCOURT

88 — Les deux baisers.
Superbe épreuve en couleur, petite marge, très rare.

89 — Modes et manières du jour, costumes parisiens. 7 pièces et le titre imprimé en feuille, très rare.

90 — Les premiers pas de Paul et Virginie. — Humanité de Virginie. 2 pièces.
Belles épreuves avant la lettre, marges.

91 — Minet aux aguets.
Très belle épreuve en couleur, petites marges.

92 — Pauvre Annette.
Très belle épreuve doublée.

93 — Jouis, tendre mère.
Belle épreuve, petites marges.

94 — La danse des chiens en désordre, d'ap. C. Vernet.
Superbe épreuve en couleur, la marge du bas est enlevée.

95 — Le Marchand de galette.
Très belle épreuve, toute marge.

96 — L'Instruction villageoise, gr. par Glairon Mondet.
Belle épreuve en feuille.

97 — Le Coiffeur.
Très belle épreuve en couleur, grandes marges.

98 — Marchand de vins des environs de Rome, gr. en couleur d'ap. C. Vernet.
Très belle épreuve, grandes marges.

99 — Route de Poissy, gr. en couleur d'ap. C. Vernet.
Superbe épreuve en feuille.

100 — Retour des champs, gr. en couleur d'apres C. Vernet.
Très belle épreuve avec marges.

101 — Isvoschtschik prêt à partir. — Droschki. — Kibitky d'été. — Kibitky d'hiver. 4 pièces gr. en couleur d'ap. M. F. Dumaine de Martrait.
Belles épreuves, grandes marges.

102 — *Henri IV*. — *Mlle Laudens*, maîtresse de Rubens, 2 pièces
Très belles épreuves avec marges.

103 — Le Drapeau. — La Croix d'honneur. 2 pièces.
Très belles épreuves à toutes marges.

104 — L'Incendie.
Très belle épreuve, grandes marges.

105 — Portrait d'homme vu de face, ovale in-4.
Superbe épreuve avant toute lettre, marges.

DE JUINNE (d'après)

106 — *Madame Recamier*. Lithographie de Aubry Lecomte.
Très belle épreuve avant la lettre du papier de chine, grandes marges.

DELANAUX

107 — *Kosciusko*, célèbre général polonais, d'après Quenedey.
Très belle épreuve, grandes marges.

DEMARNE (d'après)

108 — La promenade du matin. — La promenade du soir 2 pièces gravées en couleur par Alix et Morret.

Très belles épreuves, grandes marges.

DEMARTEAU

109 — *Carle Vanloo*, peintre du Roy, d'après lui-même, in-fol.

Superbe épreuve à la sanguine, grandes marges.

110 — Dame lisant une lettre, gr. à la sanguine d'après C. N. Cochin le fils.

Très belle épreuve, marges.

111 — La Justice protège les Arts, gr. à la sanguine d'après C. N. Cochin le fils.

Superbe épreuve avant toute lettre, la légende est à la main.

112 — Les Vendanges, — L'Automne. — L'Été.. — La pipée. etc. 12 pièces à la sanguine ou aux trois crayons.

Belles épreuves.

113 — Femme de Crimée. — Femme de Constantinople. — Paysanne de l'Archipel, — Intérieur villageois. — Etudes, etc. 10 pièces à la sanguine d'après Boucher.

Belles épreuves, la plupart à toutes marge.

DE MONCHY

114 — La Danse à trois, au son des Castagnettes. — Amusement de la balançoire au jardin. 2 pièces d'après Le Peintre.

Belles épreuves avec marges.

DESNOYERS (Aug.)

115 — La Vierge aux Rochers. — La Vierge au linge, d'après Raphaël et Léonard de Vinci.

Très belles épreuves avec marges.

DESRAIS (d'après)

116 — *Voltaire couronné par Mademoiselle Clairon.* gr. par Dupin.

Très belle épreuve avec marges.

DEVERIA (A.)

117 — Les Filles du Roi, dessiné au palais des Tuileries et de Saint-Cloud, en juillet 1832, in-fol.

Très belle épreuve.

DE VOUGE (d'après)

118 — Le Voyage à Cithère.

Très belle épreuve, toute marge.

DIVERS

119 — Le doux entretien. — Vénus. — Danaë. — Le sommeil de Vénus. — Enée. — La leçon de flûte. le jugement de Paris. 8 pièces in-fol.

Belles épreuves, toute marge.

DREVET (P.J.)

120 — *Bossuet* (Jacques Benigne) évêque de Meaux d'après Rigaud.

Très belle épreuve, petites marges.

DUPLESSIS-BERTAUX

121 — Entrée des Français dans Milan.

Deux épreuves dont une à l'eau-forte pure.

DUTAILLI (d'après)

122 — L'admiration de l'antique, gr. par Prot.

Belle épreuve en couleur, grandes marges

ÉCOLE FRANÇAISE du XVIIIe siècle

123 — Vénus à sa toilette. — Persée au secours d'Andromède. — Clytée. — Sacrifice de l'Amour. — Départ de l'Amour pour la chasse, etc. 17 pièces.

Belles épreuves.

EISEN (d'après)

124 — Le Villageois. — La double fécondité. — La Vieille de bonne humeur. — La Cuisinière charitable. — Je le tiens ce nid de fauvettes. — Académie Française. — Académie des Sciences. 8 pièces.

Belles épreuves avec marges.

ÉVENTAILS

125 — Pastorales. — Théâtre. — Musique. 7 pièces noires et coloriées.

Belles épreuves.

FESSARD

126 — Le triomphe de Rameau, in-8 travers.

Belle épreuve.

FLIPART (J. J.)

127 — La chasse à l'ours, d'après C. Vanloo.

Belle épreuve, grandes marges.

128 — — La même estampe.

Superbe épreuve à l'eau forte pure, en feuille.

FRAGONARD (d'après)

129 — Annette à l'âge de quinze ans. — Annette à l'âge de vingt ans, deux pièces gravées par Geoffroy.

Belles épreuves, petites marges.

130 — Le chiffre d'Amour, gr. par N. de Launay.

Très belle épreuve, grandes marges.

131 — La Coquette fixée, gr. par Dambrun.

Superbe épreuve avant la dédicace, grandes marges, très rare.

132 — Ma chemise brûle ! gr. par Aug. Le Grand.

Très belle épreuve avec marges,

133 — La fuite à dessein, gr. par C. Macret et Couché.

Très belle épreuve avec une grande marge.

134 — La Gimblette, gr. par Bertony.
Belle épreuve avec marges.

135 — La Nature. gr. par J. B. Gerrard.
Belle épreuve. grandes marges.

136 — Sacrifice de la Rose, gr. par H. Gérard.
Très belle épreuve avec marges.

137 — Le Serment d'amour. — La bonne Mère, gr. par Mathieu.
Très belles épreuves, petites marges.

138 — S'il m'était aussi fidèle. gr. par Dennel.
Superbe et très rare épreuve avant toute lettre, grandes marges.

139. — Le Verrou, gr. par Blot.
Très belle épreuve, petites marges.

140 — Le Verrou, gr. en couleur par Noipmacel.
Très belle épreuve, toute marge.

FREUDEBERG (d'après)

141 — Le petit jour. gr. par N. de Launay.
Très belle épreuve ancienne, imprimée en couleur, grandes marges, rare.

142 — Les chanteuses du mois de May, gr. en couleur par F.-G. Lardy.
Belle épreuve avec marges,

GARNERAY

143 — Saint-Malo, vue de Saint-Servan. — Lorient, vue prise de l'avant-garde, 2 pièces en couleur.
Superbes épreuves avant la lettre, grandes marges.

GAUTIER DAGOTY

144 — Apollon. — Bethzabée au bain. — Le Satyre, 3 pièces en couleur.
Belles épreuves, sans marges.

GÉRARD (d'après Mlle)

145 — Le Bouquet inattendu, gr. par H. Gérard.
Très belle épreuve en couleur, marges.

146 — L'élève intéressante. — Le Triomphe de Minette, 2 pièces gr. par Marin.
Belles épreuves.

GONZALÈS (d'après)

147 — Les prémices de l'amour-propre, gr. par Macret.
Belle épreuve, petites marges.

GREUZE (d'après)

148 — Le baiser envoyé, gr. par A. de Saint-Aubin.
Très belle épreuve, grandes marges.

149 — La cruche cassée, par J. Massard.
Superbe épreuve à toute marge.

150 — La Diseuse de bonne aventure, gravé à la manière de lavis.
Très belle épreuve.

151 — Les écosseuses de pois, gr. par Le Bas.
Très belle épreuve, grandes marges.

152 — L'Écureuse, gr. par Beauvarlet.
Très belle épreuve avec marges.

153 — L'éducation d'un jeune savoyard, gr. par J. Aliamet.
Très belle épreuve, en feuille.

154 — La fille confuse, par P.-Ch. Ingouf.
Très belle épreuve, en feuille.

155 — La mort de Marie-Madeleine, par Clovis Hoin.
Très belle épreuve, grandes marges.

156 — Les œufs cassés, gr. par P.-E. Moitte.
Superbe et très rare épreuve avant la lettre, grandes marges

157 — L'offrande à l'amour, par Macret.
Superbe épreuve avant la lettre, grandes marges.

158 — L'oiseau mort, gr. par J.-J. Flipart
Superbe épreuve, grandes marges.

159 — L'oiseau mort, gravure en couleur, sans nom d'artiste.
Belle épreuve rognée à l'ovale.

160 — Retour sur soi-même, gr. par L. Binet.
Belle épreuve avec marges.

161 — La Tricoteuse, gr. par Cl. Donat. — La Pelotonneuse, gr. par J.-J. Flipart, 2 pièces.
Très belles épreuves avec marges.

162 — La Vertu chancelante, par J. Massard.
Très belle épreuve, grandes marges.

163 — — La même estampe.
Superbe épreuve à l'eau-forte pure, marges, très rare

164 — La Vraie Mère, gr. par Voyez.
Superbe épreuve avec la lettre au trait, en feuille.

GUYOT (d'après)

165 — Ruine d'une galerie antique à Rome. — Ruine de la partie intérieure d'une basilique de Rome, 2 pièces gr. en couleur d'ap. Hubert Robert.
Belles épreuves avec marges.

166 — IXe feuille de paysage, contenant neuf sujets de paysages d'ap. Pernay.
Très belle épreuve en couleur, grandes marges.

167 — Cinq médaillons sur la même feuille, gr. en couleur d'ap. Pernay.
Très belle épreuve, marges, rare.

HAID (Élie)

168 — Le Repos. — La Sculpture. — La Peinture, d'après Boucher, Pierre et Colson, trois pièces.
Belles épreuves.

HOIN (d'après)

169 — L'Écueil de la Sagesse. — La tendre amitié, 2 pieces gr. par De Monchy.
Belles épreuves, grandes marges.

HUET (d'après)

170 — L'amant pressant, par Chaponnier.
Très belle épreuve avant la lettre, grandes marges.

171 — La Bergère. — La basse-cour, 2 pièces en couleur par Bonnet.
Très belles épreuves, grandes marges.

172 — Vénus couchée, Amphitrite, deux pièces gr. en couleur par Demarteau.
Très belles épreuves avec marges.

173 — Le Célibat. — Le Mariage, deux pièces gr. en couleur par Clément.
Belles épreuves, grandes marges.

174 — L'Heureux Accident. gr. en couleur par De Lacour.
Belles épreuves avec marges.

175 — L'Amour couronné par les Grâces. — Les Grâces enchaînées par l'Amour, deux pièces par Chaponnier.
Belles épreuves avec marges.

176 — Le Chat angora et sa famille par Schmidz.
Deux épreuves dont une avant toute lettre, marges.

177 — Le même estampe.
Très belle épreuve à l'eau-forte pure, grandes marges.

178 — Le Jeune Défenseur. — La Bonne Mère, deux pièces en bistre.
Belles épreuves avant la lettre, marges.

INCROYABLES

179 — Point de conventions. — Les Croyables, au Pérou. — La Folie du jour, 3 pièces par Tresca.
Très belles épreuves à toute marge.

180 — La Folie du jour. — Point de conventions, 3 pièces ovales in-8.
Belles épreuves.

INGOUF

181. — *Michel Le Clerc*, né à Dourdan, le 19 mars 1685. — *Charles Ménart*, né dans le diocèse de Beauvais le 1er octobre 1704, deux pièces.

Belles épreuves.

JANINET

182. — Sommeil de Vénus. — Réveil de Vénus, deux pièces ovales, gr. en couleur, d'apr. Charlier.

Très belles épreuves, marges.

183. — Les Grâces, d'après Pellegrini.

Superbe épreuve avant la lettre et avant la guirlande de roses, grandes marges.

184. — La même Estampe.

Rare épreuve à deux teintes, grandes marges.

185. — L'Agréable négligé, gr. en couleur, d'après Baudouin.

Très belle épreuve, marges.

186. — Aux mânes de J.-J. Rousseau, gr. en couleur.

Superbe épreuve, grandes marges.

187. — La Création. — Adam et Eve, deux pièces gravées en couleur d'après Le Barbier.

Très belles épreuves, petites marges.

188. — Foire Hollandaise, d'après Van Ostade.

Superbe épreuve avant la lettre, grandes marges.

189. — La même estampe.

Belle épreuve avec la lettre, petites marges.

190. — Le Nouvelliste. — La Chaumiere Flamande, deux pièces gr. en couleur, d'après Ostade.

Belles épreuves, grandes marges.

191 — *J. B. Brisard*, rôle du vieil Horace. — *Caillot*, rôle de Western dans Tom Jones. — *Préville*, rôle de Crispin, 3 portraits en couleur d'après Dutertre.

Belles épreuves.

JEAURAT (E.)

192 — Entrevue de Louis XIV, Roy de France et de Navarre, et de Philippe IV, Roi d'Espagne, dans l'Isle des Faisans, en l'année MDCLX, d'après Ch. Le Brun.

Très belle épreuve avec marges.

JEAURAT (d'après)

193 — La Couturière. — La Servante congédiée, deux pièces.

Très belles épreuves en feuilles.

194 — L'Enfance chymiste. — L'Opérateur Barri, deux pièces

Très belles épreuves grandes marges.

195 — L'Exemple des mères, gr. par Lucas.

Très belle épreuve, grandes marges.

JULIEN (J. L.)

196 — L'amour en réquisition.

Belle épreuve en couleur, marges.

197 — La Rose défendue. — La Rose enlevée, deux pièces.

Très belles épreuves dont une avant toute lettre, marges.

LANCRENON (d'après)

198 — Le Fleuve Scamandre, lithographié par Garnier.

Belle épreuve, marges

LANCRET (d'après)

199 — Les âges de la vie, gr. par de Larmessin, quatre pièces.

Très belles épreuves, grandes marges.

LAVREINCE (d'après)

200 — La consolation de l'absence, gr. par N. de Launay.

Très belle épreuve, sans marges.

201 — L'Ecole de Danse, gr. par Dequevauviller.

Belle épreuve avec marges.

LEBARBIER (d'après)

202 — Le mouchoir, gr. par Macret.
Très belle épreuve avant la dédicace, toute marge.

203 — Vue des Jardins de la Villa Aldo Bradina à Rome. — Vue des Ruines du Campo Vacino a Rome, deux pièces gr. en couleur par Alais.
Belles épreuves, grandes marges.

LEBRUN (d'après Mme Vigée)

204 — Vénus et l'amour.
Superbe épreuve avant la lettre, les noms à la pointe, marges

LE CAMPION

205 — Bonaparte présente l'olivier de la paix à toutes les puissances de l'Europe, d'après Desrais.
Belle épreuve avec marges.

LEDIEU (d'après)

206 — *Le Vicomte d'Aure* à cheval, gr. par Moreau.
Superbe épreuve en couleur, marges, rare.

LEPICIÉ

207 — Les Francs-Maçons flamands en Loge, d'après D. Teniers.
Belle épreuve, marges

LEPRINCE (d'après)

208 — Le Concert Russe. — La diseuse de Bonne-Aventure, deux pièces.
Superbes épreuve avant toute lettre, grandes marges

209 — La lettre envoyée. — La lettre rendue, deux pièces gr. par N. Delaunay.
Epreuves en feuilles

210 — Les délices de l'Été, gr. par J.-B. Liénard.
Superbe épreuve avant la lettre, grandes marges

LE ROY

211 — *M. Fleury.* — *Batiste Cadet*, deux portraits gr. en couleur, d'après Cœuré et Pajou.

Très belles épreuves à toute marge.

LE VASSEUR

212 — Allégorie relative au mariage du comte de Provence, in-folio, deux personnages au pied d'un autel antique; une femme les entoure d'une guirlande de fleurs; deux amours portant les armoiries de France et de Savoie, d'après Boizot.

Superbe épreuve avant la lettre, le nom du graveur à la pointe, grandes marges,

LONGUEIL (de)

213. — Vue du décintrement du pont de Neuilly, d'après Saint Far.

Très belle épreuve du premier état avec l'encadrement, marges.

LUCIEN (J.-B.)

214 — La Vendange, d'après Guercino.

Belle épreuve à la sanguine, marges.

MALLET (d'après)

215 — La Nouvelle intéressante, gravure en couleur,

Belle épreuve, sans marges.

216 — — La même composition gravée au trait et coloriée par J. A. Roy.

Superbe épreuve avant la lettre, grandes marges, rare.

217 — Par ici:... — chit, chit:.. deux pièces gr. par Copia.

Très belles épreuves avec marges.

218 — Le Petit Redresseur de quilles, gr. par P. M. Alix.

Très belle épreuve en couleur, grandes marges.

219 — Le Jocket. — L'arrivée du Modèle, deux pièces en couleur.

Belles épreuves avec marges.

MARTINET (chez)

220 — La Vie d'un Joli Garçon à Paris ou le Paysan perverti. — La Vie d'une Jolie Fille à Paris ou la Paysanne pervertie, deux pièces gr. par Charon.

Belles épreuves coloriées, grandes marges.

MARTINI et LE BAS

221 — Première vue de l'Isle Barbe. — Deuxième vue de l'Isle Barbe, deux pièces d'après d'Olivier.

Très belles épreuves avec les noms à la pointe, en feuilles, quelques mouillures,

MIGER (C.)

222 — Hercule et Omphale, d'après Dumont le Romain.

Superbe épreuve avant la dédicace, grandes marges.

MONDHARE (chez)

223 — Vue d'Amsterdam, prise du vieux rempart. — Vue de le Maison de ville et les pompes pour éteindre le feu, deux pièce.

Belles épreuves, toute marge.

MONNET (d'après)

224 — Salmacis et Hermaphrodite, gr. par Vidal.

Très belle épreuve avant la lettre, petites marges.

MOREAU LE JEUNE (J. M.)

225 — Le Bal masqué. — Le Festin royal, deux pièces d'après P. L. Moreau.

Superbes épreuves avec marges.

226 — La Malédiction paternelle. — Le Fils puni. — L'accordée du village, trois petites pièces gravées de mémoire d'après Greuze.

Belles épreuves.

MOREAU LE JEUNE (d'après J. M.)

227 — Les Nymphes vengées, composition ovale gravée en couleur, sans nom d'artiste, pour les *Grâces.*

Très belle épreuve, grandes marges.

228 — Les Vœux accomplis, gr. par J. B. Simonet.

Très belle épreuve avec marges.

229 — C'est un fils, Monsieur! gr. par C. Baquoy.

Très belle épreuve avec A, P, D, R, marges.

230 — La Rencontre du Bois de Boulogne, gr. par Guttenberg.

Très belle épreuve avec A, P, D, R. marges.

MULLER (d'après)

231 — Vue de l'Hospice du Mont Saint-Bernard au passage de l'armée française, gr. par Moreau.

Belle épreuve en couleur, grandes marg s.

ORNEMENT

232 — Ornamenti di Capitelli, architravi Freggi, e Cornici, Cornelio Galle formis in Anversa, recueil de 31 planches gr. par Fr. Ertinger.

Très belles épreuves en album.

233 — Par ou d'après Fay. — Della Bella. — Prieur. — Delalonde etc., 58 pièces en noir et coloriées.

OSTADE (d'après V.)

234 — Que veut-il voir...! — Le double baiser, 2 pièces gr. en couleur par Perdriaux et de Villeneuve.

Belles épreuves.

OUDRY (d'ap. J.-B.)

235 — Le Sérail du Doguin gr. par J. Daullé.

Belle épreuve avec marges.

236 — La Chasse au Sanglier, gr. par Huquier.

Très belle épreuve, petites marges.

PARROCEL (d'après)

237 — Armée en marche.

Superbe épreuve à l'eau forte pure, grandes marges.

PATU

238 — Lot et ses Filles, gr. à la manière noire.

Très belle épreuve, avant la lettre, grandes marges.

PERROT

239 — *Jean-Bart*, d'après Hyc. Rigaud.

Très belle épreuve en couleur, avec marges.

PICHLER (J. P.)

240 — *Le Prince de Ligne*, d'après Le Clercq.

Très belle épreuve.

PIERRE et **WATELET**

241 — Veni Coronaberis, pièce allégorique sur Marguerite Lecomte.

Très belle épreuve, à toute marge.

PORPORATI

242 — Suzanne au bain. — Le coucher, d'après Vanloo et Santerre, deux pièces.

Belles épreuves grandes marges.

PRUDHON (d'après)

243 — La Thébaïde, gravé par Moitte.

Superbe épreuve à l'eau forte pure, de l'unique planche dessinée par Prudhon pour Le Racine in-folio de Didot, en feuille très rare.

PRUNEAU

244 — *Marie Justine Benoit Duroncerai, épouse de M. Favart* d'après Simonet.

Très belle épreuve grandes marges

QUEVERDO (d'après)

245 — Le lever de la Mariée. — Le coucher de la Mariée, deux pièces gr. par Dambrun et Patas,

Très belles épreuves, petites marges.

246 — Nouvelle du bien Aimé. — Le sommeil interrompu, gr. par Dambrun, deux pièces.

Très belles épreuves avec marges.

247 — Les baigneuses champêtre, gr. par Dambrun.

Belle épreuve avec marge.

RAOUX (d'après)

248 — Les Vestales, gr. par Jonxis.

Belle épreuve avec la lettre grise, grandes marges.

RAPHAEL (d'après)

249 — Frises.—Histoire de Psyché, Fresques., quinze pièces in-folio peintes à l'aquarelle.

Belles épreuves .

REGNAULT (N. F.)

250 — Le Matin.

Superbe épreuve avant la lettre, les noms à la pointe, grandes marges

251 — La Fidélité, d'après Lagrenée.

Belle épreuve, marges.

REGNAULT (d'après)

252 — La Volupté, gr. par Cazenave.

Superbe épreuve avant la lettre, les noms à la pointe, grandes marges.

REMBRANDT (d'après)

253 — The Studious philosopher. — A Jew Rabbi, deux pièces gr. à la manière noire par W. Pether et Ch. Phillips.

Très belles épreuves.

REYNOLDS (S. W.)

254 — Regrets. — Souvenirs, d'après Dubufe, deux pièces.
Très belles épreuves, marges.

REYNOLDS et **MAILE**

255 — Amour, d'après Dubufe.
Très belle épreuve imprimée en couleur, marges.

RUOTTE

256 — Joachim (Son Altesse impériale le prince), in-folio, d'après Gros.
Très belle épreuve imprimée en couleur, grandes marges.

SCHALL (d'après)

257 — La Saison des Amours, gr. en couleur par Aug. Le Grand.
Très belle épreuve à toute marge.

258 — La Défaite. – La Conviction, deux pièces gr. par G. Marchand.
Belles épreuves, grandes marges.

SCHENCK

259 — *Préville*, acteur, gr. à la manière noire.
Très belle épreuve à toute marge.

TOUZÉ (d'après)

260 – La Marchande d'œufs, gr. par Hemery.
Deux épreuves dont une avant la lettre, marges.

VAUGELISTI

261 — L'Amour empressé, d'après Vien.
Belle épreuve à toute marge.

VANLOO (d'après Carle)

262 — Apollon et Marsyas, par C. Miger.
Epreuve avec marges.

VILLENEUVE (chez)

263 — *Mirabeau* (Honoré-Riquetti de). médaillon orné, gr. en couleur.

Très belle épreuve, grandes marges.

VOYEZ (le Jeune)

264 — Benjamin Francklin, d'après Labadye.

Très belle épreuve, grandes marges.

WILL (d'après J. G.)

265 — La Cuisinière Hollandaise. — La Tricoteuse Hollandaise, deux pièces d'après Metzu et Mieris.

Belles épreuves.

WITT (A. de)

266 — L'École des Filles. — L'École des Garçons, gr. par P. de Iode.

Très belles épreuves avec marges.

267 — Sous ce numéro, il sera vendu par lots environ 800 pièces de l'Ecole Française du XVIIIe siècle: portraits, estampes, sujets gracieux, la plupart de l'école de Boucher.

Paris, Imprimerie PAIRAULT et Cie, passage Nollet, 3. — 500

www.ingramcontent.com/pod-product-compliance
Ingram Content Group UK Ltd.
Pitfield, Milton Keynes, MK11 3LW, UK
UKHW021930190726
13853UKWH00002B/955

9 782329 549972